Ferretti
L'arte della scenografia
The art of production design

Ferretti
L'arte della scenografia
The art of production design

TESTI E BOZZETTI ORIGINALI DI DANTE FERRETTI
TEXTS AND SKETCHES BY DANTE FERRETTI

a cura di / *edited by*
Gabriele Lucci

Electa | Accademia dell'Immagine

Ferretti
L'arte della scenografia
The art of production design

Collana / Series
Protagonisti del cinema

Direzione scientifica / Scientific director
Gabriele Lucci

In copertina / Cover
Immagine dal film *Sweeney Todd - Il diabolico barbiere di Fleet Street* (2007)
Image from the film *Sweeney Todd - The Demon Barber of Fleet Street* (2007)
(Photo © Dreamworks / Warner Bros / The Kobal Collection / Peter Mountain)

www.electaweb.com
www.accademiaimmagine.org

Prima edizione / First edition 2004

Seconda edizione aggiornata e ampliata
Second edition revised and update
© 2009 by Mondadori Electa S.p.A., Milano
© 2009 by Accademia Internazionale per le Arti e le Scienze dell'Immagine dell'Aquila
Tutti i diritti riservati / All rights reserved

**Accademia Internazionale per le Arti
e le Scienze dell'Immagine dell'Aquila
Ente Morale**

Enti fondatori / Founding board

Regione Abruzzo

Comune dell'Aquila

Provincia dell'Aquila

Istituto Cinematografico dell'Aquila
"La Lanterna Magica"

Con il contributo del / With the contribution of
Ministero per i Beni e le Attività Culturali -
Direzione Generale per il Cinema

*Settore editoriale per la realizzazione
di questo volume / Editorial staff
for the publication of this volume:*

Coordinamento / Coordinator
Anna Maria Ximenes

Redazione / Editing
Rinaldo Aristotile
Fabiana Marzano
Mariachiara Facchinei
Alessia Moretti

Collaboratori / Contributors
Duilio Chilante
Giuseppe Massaro
Dario Schwarcke

*Hanno collaborato alla nuova edizione aggiornata /
Contributors to the updated edition*
Anna Maria Ximenes
Rinaldo Aristotile
Alessia Moretti

Sommario / Contents

9 **Prefazione di Martin Scorsese / Preface by Martin Scorsese**

A Cinecittà con Dante Ferretti / At Cinecittà with Dante Ferretti
11 Conversazione a cura di Gabriele Lucci
   Fotografie di Gianni Berengo Gardin
11 Conversation with Gabriele Lucci
   Photographs by Gianni Berengo Gardin

Il mio diario tra cinema e teatro / My film and opera diary
44 **Le ricostruzioni d'epoca / Period reconstructions**
46 The Aviator
72 Cold Mountain / Ritorno a Cold Mountain
90 Gangs of New York
110 Titus
122 Kundun
136 Interview with the Vampire: The Vampire Chronicles
    Intervista col vampiro
146 The Age of Innocence / L'età dell'innocenza
162 Hamlet / Amleto
168 The Name of the Rose / Il nome della rosa
178 Il mondo nuovo / That Night in Varennes
186 Salò o le 120 giornate di Sodoma / Salo or The 120 Days of Sodom

L'ambientazione contemporanea / Contemporary settings
196 Meet Joe Black / Vi presento Joe Black
202 Casino / Casinò
210 Ginger e Fred / Ginger and Fred
214 Prova d'orchestra / Orchestra Rehearsal
218 Todo modo

La fantasia e il sogno / Fantasy and the dream
226 La voce della luna / The Voice of the Moon
234 The Adventures of Baron Münchausen
    Le avventure del Barone di Münchausen
246 E la nave va / And the Ship Sails On
252 La città delle donne / City of Women
258 Il fiore delle mille e una notte / Flowers of the Arabian Nights
262 I racconti di Canterbury / The Canterbury Tales
266 Il Decameron / The Decameron
272 Medea

Scene per il teatro lirico / Scenes for the opera
280 Werther
286 Un ballo in maschera / A Masked Ball
292 Manon Lescaut
298 Cavalleria rusticana
300 La Bohème
306 Cardillac
314 La Traviata

320 **Altri progetti / Other projects**

Ferretti. L'arte della scenografia 2005/2009
Ferretti. The art of production design 2005/2009

333 **Conversazione con / Conversation with Dante Ferretti**
338 Shutter Island
348 Sweeney Todd - Il diabolico barbiere di Fleet Street
    Sweeney Todd - The Demon Barber of Fleet Street
358 The Black Dahlia

Teatro / Theater
363 Carmen di / by Georges Bizet
364 The Fly - La mosca
365 Macbeth

Allestimenti / Exhibit Designs
367 Mostra d'Arte Cinematografica di Venezia / Venice Film Festival
368 Museo Egizio di Torino / Egyptian Museum, Turin
368 Biennale Moda di Firenze / Florence Fashion Biennial
369 Valentino: 45 anni di carriera
370 Valentino: 45 years of achievement

Apparati / Appendix
372 Biografia / Biography
373 Filmografia / Filmography
375 Teatrografia / Opera designs
376 Mostre e allestimenti / Sets exhibitions and displays
377 Premi e riconoscimenti / Awards and nominations
379 Omaggi all'arte di Dante Ferretti / Homages to the art of Dante Ferretti
380 Indice dei nomi / Index of names
381 Indice dei film e delle opere / Index of the films and operas
382 Referenze fotografiche / Photographic credits
383 Ringraziamenti / Acknowledgements

Prefazione di Martin Scorsese / Preface by Martin Scorsese

Non ho mai fatto segreto della mia ammirazione per l'abilità artistica italiana. Per me rappresenta, fin dalla mia gioventù, qualcosa di speciale. Ricordo che guardavo i film epico-storici italiani degli anni Cinquanta e capivo chiaramente che erano diversi da quelli realizzati a Hollywood. Nella scenografia di questi film si riusciva a percepire la storia dietro la storia, la qualità della lavorazione, che non era semplicemente un'abilità acquisita, ma tramandata da una generazione all'altra, attraverso i secoli. Una visione condivisa, unificata in cui a un certo punto le distinzioni tra artigiano e artista svanivano del tutto. Mi sorprendo ancora quando penso che uno degli artisti migliori che abbia mai lavorato nell'ambito dell'allestimento scenografico sia diventato uno dei miei collaboratori più validi. Non riesco ancora a credere di aver realizzato con lui sei film. Il mio apprezzamento per il lavoro di Dante Ferretti risale a tanto tempo fa, ai film di Ferreri, Comencini, Cavani, Scola, Bellocchio, Petri, Zeffirelli e Terry Gilliam, nelle Avventure del Barone di Münchausen. Rimasi particolarmente colpito dalla sua collaborazione con Fellini e Pasolini. Due artisti così diversi, che hanno avuto entrambi su di me un peso e un'influenza decisivi. Il ruolo fondamentale di Dante era realizzare le loro visioni della vita. Il mondo antico della Trilogia della Vita di Pasolini, i paesaggi immaginari degli ultimi film di Fellini, in particolare la sua ultima pellicola, ingiustamente sottovalutata, La voce della luna, rimangono per me i capisaldi della cinematografia, i punti di riferimento che indicano cosa può fare il cinema, dove ti può portare. Dante e io abbiamo lavorato insieme la prima volta per L'età dell'innocenza. Volevo e avevo bisogno di qualcosa di unico per questa pellicola, un occhio speciale, che non guardasse solo l'estetica, ma il peso, la presenza, la consistenza degli oggetti belli e degli ambienti opulenti. La scenografia era un elemento importante per questa storia, non perché si trattava di un cosiddetto "film in costume" (in fin dei conti poi non lo sono tutti i film?), ma perché quell'opulenza sarebbe diventata, alla fine, una gabbia dorata per i personaggi principali interpretati da Daniel Day-Lewis e Michelle Pfeiffer. Dante afferrò il concetto immediatamente e realizzò proprio quello che volevo. In ogni pellicola realizzata insieme, Dante mi ha regalato qualcosa di inestimabile, un universo vivente, in cui ogni stanza sembra essere stata attraversata infinite volte, ogni finestra aperta e richiusa, e ogni oggetto usato e ricordato. Eppure questi universi possiedono, al tempo stesso, profondità, densità e splendore assoluto. Non so descrivere ciò che provavo mentre osservavo Dante costruire una serie di palazzi tibetani in Marocco per Kundun, o quando camminavo attraverso la sua ricostruzione del vecchio quartiere di Five Points, a Cinecittà, per Gangs of New York. In poche parole, ogni volta assistevo a un miracolo che si ripeteva. Abbiamo appena terminato la realizzazione di un'altra pellicola, The Aviator, e la mia stima per Dante e le sue capacità non fa che crescere. La dedizione indefessa per la sua arte, le sue intuizioni sempre azzeccate, le sue introspezioni sempre acute, la sua straordinaria sensibilità… È difficile immaginare cosa avrei fatto senza di lui. Questo libro meraviglioso, pieno di immagini delle opere di Dante e del suo viso intenso e sereno, coglie il senso del suo lavoro, dei suoi metodi, della sua infallibile maestria. E della gioia con cui si dedica alla professione che ha scelto. Una gioia condivisa, caro Dante, da tutti quelli che hanno avuto la fortuna di lavorare con te.

I've never made any secret of my admiration for Italian craftsmanship. Ever since I was young, it's meant something special to me. I remember watching the historical epics made in Italy during the '50s, and realizing that, in some important way, they were different from the films made in Hollywood. You could sense the history behind the history in the production design of those films, the feeling of skilled craftsmanship that had not merely been acquired but handed down, from generation to generation, across hundred of years.
A shared, unified vision in which, somewhere along the line, distinctions between artisan and artist disappeared altogether.
It still seems amazing to me that one of the finest artists ever to work in the field of production design has become a valued collaborator of mine. I still can't get over the fact that we've made six films together.
I first admired Dante Ferretti's work from afar, in the films of Ferreri, Comencini, Cavani, Scola, Bellocchio, Petri, Zeffirelli and Terry Gillian, on The Adventures of Baron Münchausen. And I was particularly struck by his collaborations with Fellini and Pasolini. Two vastly different artists, both of whom affected me, marked me. And Dante played such an important role in bringing their visions to life. The ancient world of Pasolini's Trilogy of Life, the mindscapes of Fellini's final films, particularly his criminally underrated last picture The Voice of the Moon, remain benchmarks for me. They point the way toward what cinema can do, where it can take you.
Dante and I worked together for the first time on The Age of Innocence. I wanted and needed something unique for that picture—a special eye, not merely for beauty, but for the weight, the presence, the texture of beautiful objects and opulent surroundings. Because the decor mattered to this story, not because it was a so-called "period picture" (really, is not every movie a "period picture"?)—because all that opulence eventually became a prison house for the principal characters played by Daniel Day-Lewis and Michelle Pfeiffer. Dante understood that immediately and gave me exactly what I wanted.
In every picture Dante and I made together he gave me something invaluable—a living world, in which every room feels as if it has been crossed countless times, every window has been looked out of, and every object has been used and remembered.
These worlds have depth, density, and absolute splendor.
I can't tell what it was like to watch Dante construct a series of Tibetan palaces in Morocco for Kundun, or to walk through his vision of the old Five Points neighborhood, at Cinecittà, for Gangs of New York.
In short, it was like a miracle each time.
We've just finished another picture together, The Aviator, *and my estimation of Dante and his abilities has only increased.
His unflagging devotion to his art; his instincts, always on the money; his insights, always sharp; his extraordinary sensitivity… It's difficult to imagine what I'd do without him.
This lovely book, filled with images of Dante's work—and of his intense, quietly composed face—will give you a sense of his working methods, his unfailing craftsmanship. And the joy he takes in his chosen profession.
A joy that is shared, dear Dante, by those of us lucky enough to work with you.*

Un momento di lavoro con Martin Scorsese.
At work with Martin Scorsese.

Cinecittà, Dante Ferretti nel laboratorio di plastica e sculture.
Cinecittà, Dante Ferretti in the plastics and sculptures lab.

A Cinecittà con Dante Ferretti / At Cinecittà with Dante Ferretti

Conversazione a cura di Gabriele Lucci / Conversation with Gabriele Lucci
Fotografie di Gianni Berengo Gardin / Photographs by Gianni Berengo Gardin

Incontro Dante Ferretti per la prima delle nostre conversazioni nel suo studio di Cinecittà. È un uomo dal sorriso aperto, dallo spiccato senso dell'umorismo e dai gesti del professionista eternamente indaffarato; mi rendo conto immediatamente di quanto sia difficile catturare la sua attenzione, fra le continue telefonate, l'andirivieni dei suoi assistenti e il suo vulcanico modo di essere. Mi guardo intorno: il laboratorio è un ambiente di tre grandi locali. Sopra di noi – pendenti dall'alto – due statue sembrano volare l'una verso l'altra. In un angolo della stanza, una stretta scala a chiocciola conduce a un'improbabile porticina posta sotto il soffitto. Sulle pareti i grandi bozzetti che lo hanno reso famoso, alcune fotografie personali, i certificati delle nomination all'Oscar e altri numerosi riconoscimenti. Sugli scaffali, materiali di ogni genere: dagli schizzi alle riviste e alle fotografie di documentazione del suo lavoro. Un'apparente casualità, un disordine che, come ho potuto sperimentare anche per altri grandi del cinema, sembra in realtà teso a dissimulare, con una sorta di pudore, la vera arte e la capacità di perseguire obiettivi molto precisi. Il suo mondo si dischiude un po' alla volta quando indugia nel mostrarmi i materiali sparsi qua e là nello studio. Sebbene schivo, Dante si illumina nel raccontarmi lo stupore dei grandi del cinema – da Martin Scorsese a Brian De Palma, da Federico Fellini a Terry Gilliam e George Lucas – di fronte ai suoi enormi bozzetti. È proprio con gli occhi rivolti a queste immagini di straordinaria bellezza che inizia il nostro viaggio, una lunga conversazione sul cinema, l'arte, il mestiere della scenografia, le esperienze di vita. Strada facendo, chiedo al mio vecchio amico Gianni Berengo Gardin, un grande della fotografia, di unirsi a noi. È anche grazie al suo sguardo che emerge in questo volume il ritratto dell'uomo e dell'artista Ferretti nel suo mondo, fra i bozzetti e i modellini, nelle falegnamerie e nei laboratori, nei viali e negli studi della sua magica Cinecittà.

Gabriele Lucci

I met Dante Ferretti for the first of our conversations at his study at Cinecittà. He has a broad smile, a lively sense of humor and the gestures of an unceasingly busy man. I quickly realize how difficult it is to hold his attention amid the continual telephone calls, the comings and goings of his assistants, and his intense manner. Looking around, I see a work area that consists of three large rooms. Above us, hanging from the ceiling, are two statues that appear to be flying towards each other. In a corner of the room a narrow spiral staircase leads to an unlikely door placed just beneath the ceiling. On the walls are the huge painted sketches that have made Ferretti famous, some personal photographs, certificates of his Oscar nominations and numerous other honors. Materials of every sort cover the shelves: rough sketches, magazines, photographs documenting his work. There's a kind of casual disorder, such as I've noted with other great men of the cinema, which seems to conceal, with a kind of modesty, a real talent and ability to pursue very precise objectives. His world reveals itself little by little as he stops to show me materials scattered here and there around the studio. Despite his diffidence, Dante lights up as he recounts the amazement of the cinema greats—from Martin Scorsese to Brian De Palma, from Federico Fellini to Terry Gilliam and George Lucas—on seeing his enormous painted sketches. We turn to look at these extraordinarily beautiful images, which marks the beginning of our journey: a long conversation about cinema, art, the profession of the production designer, and life's experiences. I have asked my old friend Gianni Berengo Gardin, an outstanding photographer, to join us. It is thanks to his powers of observation that we have a portrait of Ferretti for this book: Ferretti the man and the artist in his own milieu among his sketches and models, in the workshop and carpentry shops, in the studios and streets of his magical Cinecittà.

Gabriele Lucci

Gabriele Lucci, tra i maggiori esperti in Economia e Management dell'impresa culturale, è fondatore di Istituzioni permanenti: l'Istituto cinematografico "La Lanterna Magica" e l'Accademia dell'Immagine. Nel corso di venticinque anni di attività ha promosso numerose iniziative di grande rilievo quali il Festival Internazionale dei mestieri e delle tecniche cinematografiche "Una città in cinema" e il Premio Nestor Almendros, per i giovani talenti della fotografia. Attivo da oltre un decennio nell'ambito dell'editoria specializzata, di recente ha curato l'edizione della trilogia di Vittorio Storaro "Scrivere con la luce". Attualmente, oltre a ricoprire la carica di direttore scientifico di collane di cinema per Mondadori Electa, è direttore generale dell'Accademia dell'Immagine.

Gianni Berengo Gardin è fra i maggiori fotografi al mondo. La sua opera, che spazia dall'architettura al paesaggio e al sociale, è stata celebrata in centinaia di mostre. In particolare hanno esposto le sue foto, fra gli altri, il Museum of Modern Art di New York, la Biblioteca Nazionale di Parigi, gli Incontri Internazionali di Arles, il Mois de la Photo di Parigi. È autore di oltre 200 libri di fotografia, fra cui *Venise des Saisons, Morire di Classe* (con Carla Cerati), *L'occhio come mestiere, Toscana, Francia, Roma, Un paese vent'anni dopo* (con Cesare Zavattini). Il grande libro antologico *Copyright Gianni Berengo Gardin* (Editori Peliti Associati di Roma) raccoglie la sua opera fino al 2000. Ha in preparazione un importante libro sui Mantovani, edito dalla Fondazione della Banca Agricola Mantovana.

Gabriele Lucci, a leading authority on Economics and Management of cultural organizations, is the founder of established Institutions: the Film Institute "La Lanterna Magica" and the Accademia dell'Immagine. During the twenty-five years of his professional life, he has promoted important initiatives like the International Festival of Film Art and Technique: "Una città in cinema" and the Nestor Almendros Award for talented young photographers. For more than ten years he has been active in the field of publishing on the subject of cinema and recently edited a three-volume series "Writing with Light" by Vittorio Storaro. Currently, in addition to his position as technical director of publications on the cinema for Mondadori Electa, he is Managing Director of the Accademia dell'Immagine.

Gianni Berengo Gardin is among the world's finest photographers. His work ranges from architecture to landscapes and social subjects and has been celebrated in hundreds of exhibitions. Of the many places where his work was shown, some of the more noteworthy are the Museum of Modern Art in New York, the Bibliotèque Nationale in Paris, *Rencontres internationales* at Arles, the Month of the Photo in Paris. He is the author of more than 200 photographic books that include *Venise des Saisons, Morire di Classe* (with Carla Cerati), *L'occhio come mestiere, Toscana, Francia, Roma, Un paese vent'anni dopo* (with Cesare Zavattini). The large anthology *Copyright Gianni Berengo Gardin* (Editori Peliti Associati, Rome) is a collection of his work up to 2000. He is preparing an important book on the people of Mantua to be published by the Foundation of the Banca Agricola Mantovana.

Cinecittà, Dante Ferretti, nel suo studio, durante la conversazione con Gabriele Lucci.
Cinecittà, Dante Ferretti in his studio, during his conversation with Gabriele Lucci.

Gabriele Lucci – Il nostro incontro inizia nel tuo studio di Cinecittà. Immagino che tu sia molto legato a questo luogo, dove hanno preso vita le grandi scenografie che ti hanno imposto come professionista a livello mondiale.

Dante Ferretti – Ho cominciato a lavorare a Cinecittà da ragazzo, e ho sempre amato molto questo posto e tutto ciò che lo circonda. Quando ho iniziato, a diciassette anni, è stato come entrare nella dimensione del sogno. Il mio laboratorio è lo spazio fisico di questo sogno. È il mio mondo, disordinato magari, ma personale, dove dispongo degli strumenti di ricerca e di ispirazione che mi aiutano: fotografie e libri. È uno spazio che conservo da più di venticinque anni, e ancora oggi il posto dove riesco a concentrarmi al meglio. Tra l'altro, per me la posizione di questo studio è stata davvero strategica, praticamente di fronte al Teatro 5 di Federico Fellini, con il quale ho condiviso dieci anni d'importanti esperienze lavorative.

GL – Con Fellini hai collaborato da *Prova d'Orchestra* fino alla *Voce della luna*.

DF – Ho fatto cinque film con lui, e ho vissuto questa esperienza come la cosa più facile del mondo, fin dall'inizo mi sono sentito sulla sua stessa lunghezza d'onda. Per Federico il cinema era raccontare se stesso, un viaggio perenne nella sua memoria che mi coinvolgeva non solo per il suo potere di fascinazione, ma anche per la comune origine "adriatica". I nostri erano gli ambienti in cui si muovevano i "vitelloni", giovani che vivevano in provincia senza fare nulla e fra questi, un solo eroe deciso a fuggire in città. Mi sentivo vicino a questo eroe, anche se ero andato via da Macerata con molto anticipo, a soli diciassette anni.

GL – Come è avvenuto l'incontro con Fellini?

DF – Fu dopo la fine delle riprese di *Medea* di Pier Paolo Pasolini, il mio primo film firmato come scenografo. Incontrai Fellini a Cinecittà, mi propose di realizzare insieme a Danilo Donati la scenografia di *Roma*. Con garbo rifiutai perché non ero ancora pronto ad affrontare una personalità come quella di Federico Fellini, dovendo condividere, tra l'altro, la responsabilità della scenografia con un professionista come Danilo Donati che avrebbe finito, suo malgrado, per soffocarmi. Chiesi al Maestro di rinviare il nostro incontro. Ed esattamente dieci anni dopo ci incontrammo, quasi come a un appuntamento del destino, e prendemmo accordi per *Prova d'orchestra*.

GL – Quando rifiutasti il primo lavoro con Fellini avevi comunque già imboccato la via maestra nel tuo mestiere, collaboravi infatti con un grande autore come Pier Paolo Pasolini.

Gabriele Lucci – We begin our meeting in your studio at Cinecittà. I suppose you are very attached to this place where you conceived the great production designs that established your world-class reputation.

Dante Ferretti – I began working at Cinecittà as a youth and I have always loved this place very much and everything about it. When I began at the age of 17, it was like entering a dream world. My studio is the physical space of this dream. This is my world, disorganized perhaps, but my own, where I have all my tools: books and photographs for my research and inspiration. I have had this work space for more than 25 years and it is still the place where I can concentrate best. What's more I discovered that it was strategically located, being practically opposite the Teatro 5 of Federico Fellini with whom I shared ten important years of working experience.

GL – You collaborated with Fellini from the time of *Orchestra Rehearsal* through to *The Voice of the Moon*.

DF – I made five films with him and that experience was like the easiest thing in the world. Right from the beginning I felt I was on his same wave length. For Federico cinema was for telling the story of his own life, a perennial journey through his memory, which I found fascinating, also because we were both from the same part of Italy, the Adriatic coast. Our world was the same as that of the *vitelloni*, young provincial layabouts with nothing to do; and among them a single hero determined to escape to the city. I felt a certain affinity with this hero even though I had left Macerata, my hometown, very early when I was just 17.

GL – How did your meeting with Fellini come about?

DF – It was after the last takes of Pier Paolo Pasolini's *Medea*, the first film to credit me as production designer. I met Fellini at Cinecittà and he proposed that I work together with Danilo Donati on the production design of the film *Roma*. I politely refused because I was not yet ready to deal with a personality like Federico Fellini as well as having to share the responsibility of the production design with an established professional like Danilo Donati who, without intending to, would have in the end stifled me. I asked Fellini if we could defer this meeting. Exactly ten years later we met, almost like an appointment with detiny, and we came to an agreement for *Orchestra Rehearsal*.

GL – When you turned down that first job with Fellini, you had in anyway already set out on your career path, as you had been working with a great writer like Pier Paolo Pasolini.

DF – Con lui ho debuttato come scenografo in *Medea*. È stato proprio Pasolini, quando la troupe era già sul set, a richiedermi espressamente al posto dello scenografo scelto dalla produzione. In meno di due giorni mi sono trovato in Cappadocia. Ho avuto una bellissima accoglienza da Pasolini, e prima di parlare con lui dei dettagli del film, già avevo preparato la prima scena con Maria Callas, in cui Medea entra sul suo carro. Ho costruito le scenografie dell'intero film giorno dopo giorno, seguendo il mio istinto e interpretando le esigenze del regista.

GL – Da quanto dici, Pasolini riponeva in te una grandissima fiducia, ben al di là di quanto accade generalmente con un "novellino". Da dove nasceva questa stima?

DF – Ero stato assistente per Luigi Scaccianoce – un professionista della scenografia – nei film precedenti di Pasolini, *Il Vangelo secondo Matteo*, *Edipo re*, *Uccellacci uccellini*. Pier Paolo Pasolini era un grande intellettuale, un poeta. Per lui il cinema era un linguaggio sperimentale, con il quale esprimere in maniera nuova la propria poetica. Per questo forse non aveva instaurato un buon feeling con Scaccianoce che era molto professorale, ancorato a soluzioni classiche e a una certa rigidità formale. Suppongo che, per la giovane età o per mia inclinazione, io riuscissi a farmi interprete delle esigenze di rinnovamento dell'autore, come ad esempio quella di modernizzare l'iconografia classica del Cristo e dell'Ultima Cena nel *Vangelo secondo Matteo*.

GL – Mi sembra quindi che il filo rosso del tuo rapporto con Pasolini si possa rintracciare nella vostra particolare capacità di comunicazione.

DF – L'intesa sul modo di ideare e progettare le scene, la complicità, la sintonia sono stati i tratti dominanti del nostro rapporto, anche se formalmente siamo rimasti su un livello professionale, basti pensare che ci siamo sempre dati del lei. Ricordo che mi cercava continuamente sul set, voleva che fossi presente per cogliere al volo i suoi suggerimenti, le sue idee, le intuizioni estemporanee.

GL – Hai affermato più volte in passato che, soprattutto grazie all'insegnamento di Pasolini, hai imparato a vedere il cinema attraverso la pittura e che le arti figurative sono fondamentali fonti di ispirazione per il tuo lavoro. Quali sono i movimenti culturali e gli artisti che prediligi e che influenzano le tue scelte?

DF – Mi piace molto l'arte astratta, in cui la percezione della realtà rompe con i canoni estetici del figurativo. Le atmosfere calme e inquietanti dell'arte metafisica, amo Ferrara nella rappresentazione di De Chirico. Mi piace anche il Déco visto dagli scenografi americani, mi affascina l'immaginario del cinema anni Trenta e Quaranta.

DF – My first job as production designer was for Pasolini's *Medea*. When the cast and crew were already on the set, it was Pasolini himself who asked for me expressly in place of the designer chosen by production. In less than two days I was in Cappadocia. I received a wonderful welcome from Pasolini and before we discussed the details of the film, I had already prepared the first scene in which Maria Callas, as Medea, makes her entrance in her chariot. I built the set designs for the whole film day by day, following my instincts and interpreting Pasolini's requirements.

GL – As you say, Pasolini placed a complete faith in you, beyond what is generally accorded a novice? Where did this esteem come from?

DF – I had been the assistant to Luigi Scaccianoce, a master production designer, on Pasolini's previous films: *The Gospel According to Saint Matthew*, *Oedipus Rex*, *Hawks and Sparrows*. Pier Paolo Pasolini was a great intellectual, a poet. The cinema was for him an experimental language with which to express his own poetics in a new way. This was perhaps the reason why he had not established a good relation with Scaccianoce who was very professorial and anchored in classical doctrine and formality. I suppose that because if my youth or my disposition, I was able to in interpret the director's need for new forms as, for example, the modernizing of the classic iconography of Christ and the Last Supper in *The Gospel According to Saint Matthew*.

GL – It seems that the key to your relation with Pasolini can be attributed to your special ability for communication.

DF – You could describe the main aspects of our rapport as an understanding of how to conceive and plan the scenes, cooperation and fine tuning even though we kept our friendship on a professional level – we have only ever used the formal form of address. I remember he would always look for me on the set so that I would be there to gather up his suggestions and ideas and intuitions as he formulated them.

GL – You have said many times in the past that thanks to Pasolini's teaching you learned to see cinema through painting and that figurative art is a fundamental source of inspiration for your work. Which are the cultural movements and artists you favor, that influence your choices?

DF – I very much like abstract art in which the perception of reality breaks with the aesthetic canons of figurative art. I love De Chirico's paintings of Ferrara, the calm disquieting atmosphere of metaphysical art. I also like American productin designers' use of Art Déco; I'm fascinated by the imaginativeness of films of the '30s and '40s.

Cinecittà, esterno.
Cinecittà, exterior shot.

Cinecittà, Teatro 5.

GL – Vuoi ricordare qualche esempio di corrispondenza fra le tue scenografie e le opere di particolari artisti?

DF – Bosch e Brügel sono stati importanti per le visioni infernali del *Decameron*. Paolo Uccello e la pittura medievale hanno influenzato molto l'immaginario di tutta la *Trilogia della Vita* di Pasolini, mentre l'opera di Piero della Francesca è alla base della visione scenografica nel *Vangelo secondo Matteo*. Nei film di ambientazione ottocentesca, come *L'età dell'innocenza,* ha avuto un certo peso lo studio delle differenti scuole pittoriche del periodo, da quella romantica a quella simbolista.

GL – Dopo il tuo sodalizio con Pasolini, hai collaborato con molti registi di prestigio, interpretando la loro poetica. Come coniughi la ricerca di un tuo stile con le esigenze dei diversi autori?

DF – Il compito dello scenografo è sempre quello di ricostruire un mondo che appartiene al regista. Lo sforzo è proprio quello di entrare in sintonia con l'autore e materializzare la sua visione.

GL – Ma questo significa anche farsi "catturare" dal regista e dalla sua personalità?

DF – A volte è successo. Certo, ho avuto la fortuna di collaborare con grandi autori, creativi e liberi, che mi hanno consentito di esprimere una scenografia fuori dagli schemi. Ma sono consapevole che è il loro mondo che devo esprimere.

GL – Viene spontaneo pensare a un autore come Fellini, che nelle sue opere ha sempre rappresentato un universo complesso e personale. Com'è stato, se vuoi dirlo in termini un po' più espliciti, il rapporto professionale e umano con lui?

DF – Fellini è stato un vero "despota". Era una specie di vampiro, sia di giorno che di notte. Voleva continuamente sapere tutto di me, i miei pensieri, i miei sogni, cercava un confronto continuo e esclusivo. Era gelosissimo, totalizzante, iniziavamo a lavorare con una telefonata alle sei del mattino e finivamo a mezzanotte. Instaurava quindi un rapporto di tipo emozionale, quasi viscerale. Pretendeva moltissimo, ma dava anche molto. Da questo scambio era possibile far nascere le invenzioni dei suoi film, materializzazione fisica dei suoi pensieri.

GL – Ripensando agli inizi della tua carriera, segnati dalla collaborazione con due "mostri sacri" del cinema come Pasolini e Fellini, sembra emergere non soltanto un indiscusso talento e una notevole creatività, ma anche un'innegabile capacità organizzativa, che ti ha permesso di prendere in mano la lavora-

GL – Can you recall some examples of links between your set designs and the works of particular artists?

DF – Bosch and Brügel's visions of hell were important for my work on *The Decameron*. Paolo Uccello and medieval painting have greatly influenced the imaginary aspect of all of Pasolini's *Trilogy of Life* whereas the work of Piero della Francesca provides the basis for the set designs in *The Gospel According to Saint Matthew*. Films set in the 19th century, like *The Age of Innocence*, have relied to a degree on the different schools of painting of that period, from the Romantic to the Symbolist.

GL – After your association with Pasolini, you worked with many prestigious directors interpreting their poetics. How do you reconcile the search for you own style with the demands of different directors?

DF – The task of the production designer is always to construct a world that belongs to the director. The main effort is precisely that of being in harmony with the director and give material form to his vision.

GL – But doesn't this mean you become a "prisoner" of the director and his personality?

DF – This does happen sometimes. Of course I was lucky to work with great directors, creative, independent people, who have allowed me to break away from fixed concepts in my designs. But I am aware that it is their world that I express.

GL – This leads me naturally to a director like Fellini whose work has always portrayed a complex and personal world. Would you describe more explicitly, what your professional and personal relationship was like?

DF – Fellini was a true "despot", a kind of vampire of the night and the day as well. He always wanted to know everything—my thoughts, my dreams—he was looking for a continuous and exclusive confrontation. He was very jealous, absolute; we would begin work with a telephone call at six in the morning and we'd finish at midnight. He imposed an emotional, almost visceral, relationship. Though he demanded a great deal, he also gave a lot. This exchange made it possible to produce the creative inventions of his films, to materialise to his thoughts.

GL – Going back to the beginnings of your career, marked by the collaboration with two superstars of the cinema as Pasolini and Fellini, not only your unquestionable talent and remarkable creativity began to emerge, but also an undeniable talent for organization which allowed you to take in

Francesca Lo Schiavo ha firmato come arredatrice numerosi film al fianco di Dante Ferretti, ricevendo per ben cinque volte la nomination all'Oscar.
Francesca Lo Schavo has been set decorator for a number of films alongside Dante Ferretti, and been nominated five times for an Oscar.

zione di importanti film, ancora giovanissimo.

DF – Forse ho acquisito queste capacità perché sono stato costretto dal caso a "immergermi" totalmente nel mestiere sin dall'inizio. Ho debuttato infatti lavorando contemporaneamente a due film di Domenico Paolella, girati nelle Marche; la scenografia era stata affidata all'architetto Aldo Tomassini, che in realtà supervisionava soltanto i lavori.

GL – Vuoi dire che eri tu a seguire la squadra che si occupava di costruire le scene?

DF – Il coordinamento del lavoro era praticamente nelle mie mani, anche se avevo accanto persone di grande esperienza come l'arredatore Andrea Fantacci. Ricordo che mi chiamavano l'*architettino*, con un certo rispetto per il mio ruolo. Con il mio amore per il cinema e con tutta l'incoscienza dei miei diciassette anni mi sono gettato in un'avventura che, a distanza di tempo, mi sembra davvero titanica! Dopo un anno la stessa produzione, soddisfatta per il mio lavoro, mi chiamò per il film *La Parmigiana*, affiancandomi, come assistente scenografo, a Luigi Scaccianoce.

GL – Quanto hanno influito nella tua formazione gli esempi del passato, gli insegnamenti dei grandi, la guida dello stesso Scaccianoce?

DF – Sicuramente devo molto all'insegnamento di Scaccianoce, accanto al quale sono rimasto per dieci anni. Nella mia formazione ha poi influito molto la mia incontenibile passione per il cinema, soprattutto per quello americano, da *Quarto potere* alle grandi ricostruzioni storiche di colossal come *Ben Hur* e *La tunica*. È stato in compagnia di questi film che da ragazzo ho trascorso interi pomeriggi nelle sale cinematografiche di Macerata.

GL – Ovviamente le tue radici e le prime esperienze sono state fondamentali. Mi sembra evidente, tuttavia, che sin dall'inizio tu abbia intrapreso un preciso percorso artistico, andando oltre gli insegnamenti, alla ricerca di una personale cifra stilistica.

DF – Forse è così, ma io credo molto nella pratica lavorativa continua, nell'impegno giornaliero, che sono fondamentali nella professione di uno scenografo.

GL – Permettimi d'insistere. Il valore pittorico dei tuoi bozzetti e il credito di cui godi presso autori di grosso calibro confermano non solo il tuo talento e la tua esperienza, ma una tua personale ispirazione, unita alla conoscenza dell'arte che ti permette di impreziosire il tuo lavoro di rimandi e citazioni.

hand the work of important films while you were still a very young man.

DF – Perhaps I acquired this ability through having to immerse myself totally in my craft right from the very beginning. In fact my first job involved working for Domenico Paolella at the same time on two films that were being shot in the Marche. The production designer was the architect Aldo Tomassini who in actual fact only supervised the work.

GL – Do you mean that you had to see to the crew who were building the sets?

DF – My job was in effect coordinating the work although I had highly experienced people working with me, like the set decorator Andrea Fantacci. I remember they used to called me *architettino*, little architect, but with a certain respect for my role. With my love for films and all the recklessness of my eighteen years, I threw myself into an adventure that, with hindsight, seems truly titanic. A year later the same production company, satisfied with my work, called me for the film *La Parmigiana*. My job was assistant production designer to Luigi Scaccianoce.

GL – How much influence did your experience—the teaching of these great masters and the guidance of Scaccianoce—have on your formation?

DF – I certainly owe a great deal to the teaching of Scaccianoce with whom I worked for ten years. I was also influenced by my insatiable passion for films, especially for American movies, like *Citizen Kane* and the great historical, colossals like *Ben Hur* and *The Robe*. As a boy I spent afternoons in the company of these films in the cinemas of my hometown, Macerata.

GL – Your roots and early experience have obviously been of fundamental importance. It seems to me, nevertheless, that right from the beginning you followed a very clear artistic direction, which went beyond what you were taught, in search of your own personal signature style.

DF – Perhaps that is so but I strongly believe in the experience gained from continual work, the daily commitment that is fundamental to the profession of the production designer.

GL – Allow me to make a point. The pictorial quality of your sketches and the esteem you enjoy among directors of the first rank attest not only to your talent and experience but also to your own personal inspiration combined with your knowledge of art, which allows you to embellish your work with crossreferences and quotations.